A ARTE DA BOA CONVIVÊNCIA

Receitas culinárias e outras

Adriana Gavião Giugni

A ARTE DA BOA CONVIVÊNCIA
Clube de Autores: https://clubedeautores.com.br/

Capa - Adriana Gavião Giugni
Ilustrações - Adriana Gavião Giugni
Fotografias - acervo pessoal da autora

Dados Internacionais de Catalogação na Publicação (CIP)
(Câmara Brasileira do Livro, SP, Brasil)

Giugni, Adriana Gavião
A arte da boa convivência : receitas culinárias e outras / [texto e ilustração] Adriana Gavião Giugni. -- 1. ed. -- Belo Horizonte, MG : Ed. da Autora, 2022.

ISBN 978-65-00-56001-5

1. Autoajuda 2. Comportamento 3. Convivência 4. Culinária - Aspectos sociais 5. Empatia - Aspectos sociais 6. Receitas culinárias 7. Relações interpessoais I. Giugni, Adriana Gavião. II. Título.

22-134819 CDD-641.5

Índices para catálogo sistemático:

1. Receitas culinárias 641.5

Aline Graziele Benitez - Bibliotecária - CRB-1/3129

ISBN - 978-65-00-56001-5

NR - As referências bíblicas constam da tradução de João Ferreira de Almeida, revista e atualizada, da Sociedade Bíblica do Brasil, 1988.

A ARTE DA BOA CONVIVÊNCIA

Receitas
culinárias e outras

Adriana Gavião Giugni

ÍNDICE

Gratidão a Deus, antes de tudo.

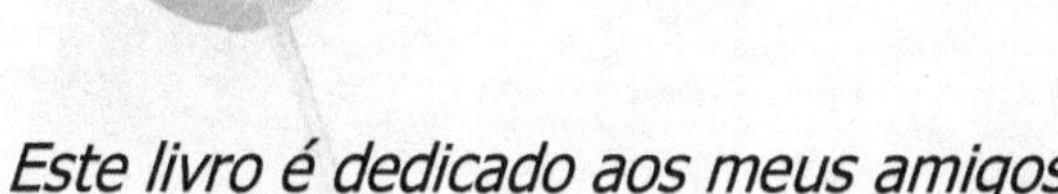

Este livro é dedicado aos meus amigos e irmãos.

"Porque tudo que dantes foi escrito, para nosso ensino foi escrito, para que, pela paciência e consolação das Escrituras, tenhamos esperança." Romanos 15:4

01 - INTRODUÇÃO

Sobre o tema "A ARTE DA BOA CONVIVÊNCIA", apresentarei, de maneira simples, para que possa ser proveitoso ao leitor. Tenho certeza que as próximas páginas terão grande utilidade em seu cotidiano. Meu desejo é que você possa, de fato, conviver bem com o seu semelhante, sempre buscando a harmonia e a paz.

Para melhor tratar do assunto, escolhi sete tópicos:

. Respeito,
. Cooperação,
. Cordialidade,
. Compromisso,
. Comunicação Eficiente,
. Empatia,
. Planejamento

Esses eu considero os principais fundamentos para que a vida em sociedade transcorra de forma pacífica, equilibrada e harmoniosa. Abordarei resumidamente, visto que o tema é muito abrangente e cada um desses tópicos, por si só, seria motivo para um livro.

Falando sobre relacionamentos interpessoais, sabemos, por experiência própria, que o homem é um ser social. Ele vive em sociedade, aí entendidos: o lar, o trabalho, a igreja, a escola, o clube dentre outras instituições - Como as associações culturais, por exemplo. Cada instituição possui regras que lhe são peculiares.

Tratando-se de comportamento humano, não podemos deixar de mencionar a Bíblia Sagrada, o livro mais vendido no mundo em todos os tempos – que é padrão de excelência em normas de conduta. Se nós buscamos um nível mais elevado de convivência, temos à disposição inúmeras instruções citadas nas Sagradas Escrituras.

O Poeta inglês John Donne escreveu em seu famoso texto "Meditações XVII" no século XVI:

"Nenhum homem é uma ilha, completo em si próprio...",

Texto mais tarde utilizado pelo escritor norte-americano Hemingway em seu romance "Por quem os sinos dobram".

O relacionamento interpessoal é uma relação social, e, por isso mesmo, pressupõe um conjunto de normas comportamentais que orientam as interações entre os membros de uma sociedade, seja no contexto familiar, escolar, comunitário, ou de trabalho, como já foi dito anteriormente. Ele pode abranger diversos níveis de hierarquia (diretoria, chefia, professores) e competência (capacitação, habilidade), e envolver diferentes sentimentos como amor, compaixão, amizade, alegria, bondade, gratidão, sinceridade, ternura, dentre outros.

Especificamente no ambiente escolar e de trabalho, envolve lisura, habilidade, lealdade, competência, sabedoria, experiência, mérito, colaboração, respeito, cooperação, etc. Nem sempre é fácil convivermos com pessoas que não compartilham conosco os mesmos costumes, crenças e valores.

De fato, somos diferentes uns dos outros, mas precisamos conviver pacífica e produtivamente com nossos colegas e familiares. Precisamos aprimorar o relacionamento com as pessoas com as quais interagimos para alcançarmos um propósito comum. É dever e responsabilidade de cada um favorecer e manter seu ambiente agradável e tranqüilo, pois é aí que passamos a maior parte do nosso tempo – passamos oitenta por cento de nossa vida consciente na escola ou no exercício de nossa profissão. Isto é uma realidade! A qualidade de vida que almejamos começa com nosso próprio comportamento. Lidar com as diferenças, evitando desgastes nos relacionamentos com nossos colegas é uma prática diária e depende de cada um de nós. Os tópicos que apresentarei a seguir são aqueles os quais considero extremamente fundamentais para o aprimoramento e para a manutenção da boa convivência.

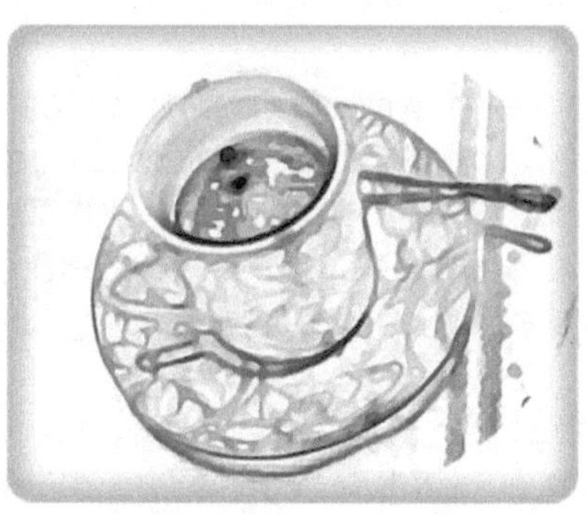

02 – TÓPICOS E RECEITAS...

. RESPEITO

Respeito é a consideração com o outro. O respeito é primordial para a boa convivência, em qualquer grupo social. Havendo respeito mútuo, os atritos que surgirem serão mais facilmente dissipados.

Respeitar inclui seguir instruções, cumprir a lei, ocupar apenas seu espaço, ser responsável.

Respeitar as normas e regulamentos internos da escola ou da empresa, além de propiciar o bom desempenho da equipe, promoverá um ambiente saudável e seguro, reforçando a confiança entre os colegas.

Ao contrário, a conduta abusiva ou desafiadora sempre provoca mal-estar e desinteresse pelo bom cumprimento das tarefas, o que, certamente, não é o que se espera entre os membros de uma mesma equipe. Trabalho em equipe não é competição, é colaboração!

Respeitar as pessoas, as leis e as normas estabelecidas é essencial para que os relacionamentos interpessoais sejam bem sucedidos.

. A assiduidade – estar sempre presente;

. a pontualidade – cumprir seus compromissos no tempo combinado;

. a honestidade – ser verdadeiro;

. a ética – ter lisura de caráter, não esconder ou disfarçar atitudes e comportamentos;

. a responsabilidade – ser confiável,

. a seriedade – não promover zombaria, e

. a moral – que são os bons costumes.

Tudo isso demonstra o respeito que temos uns para com os outros: ninguém deve ficar sobrecarregado ou constrangido.

O respeito é comparável ao óleo que reduz os atritos e permite que as engrenagens funcionem em conjunto. Se não houver óleo, o motor poderá fundir. Assim, também, nos relacionamentos interpessoais – se faltar o "óleo" do respeito, não conviveremos pacificamente. Como foi falado anteriormente, passamos a maior parte de nossa caminhada dedicando-nos às atividades escolares ou profissionais. O entusiasmo e a alegria devem fazer parte do nosso cotidiano, visto que é justamente no local de estudo ou de trabalho onde passaremos o maior tempo de nossa vida.

A escola nos prepara para nossas atividades futuras e a empresa é a fonte da qual lançamos mão para nossa própria sobrevivência. É o local que escolhemos para ganhar o nosso sustento. Caminhar junto com a empresa significa garantir o "pão nosso de cada dia". Havendo harmonia, paz e tranqüilidade, com toda certeza, o trabalho fluirá muito melhor e obteremos nosso ganho com suavidade, ao invés de tornar-se uma atividade estressante. Se não amarmos nosso trabalho, nos tornamos escravos de nós mesmos.

Pausa para um cafezinho...

A hora do cafezinho é um momento em que os assuntos polêmicos devem ser esquecidos e a gratidão ao Criador deve tornar-se presente. Afinal, um cafezinho fraterno revigora o corpo e alegra a alma.

Receita 01:

Nasci em Belo Horizonte – MG e não posso deixar o primeiro lugar sem colocar uma receita da mamãe:

Pão de Queijo (medida do copo de requeijão)

Ingredientes:

. 02 copos de polvilho azedo
. 01 copo de leite
. 01 copo de queijo ralado
. 01 ovo
. ½ copo de óleo ou manteiga derretida
. 01 colher (café) de sal

Modo de fazer:

. Bater todos os ingredientes no liquidificador
. Despejar a massa em forminhas untadas
. Assar em forno quente, pré-aquecido até dourar (cerca de 30 minutos)

Sem óleo as engrenagens não funcionam de forma adequada.

. COOPERAÇÃO

Cooperação é colaboração, é trabalhar junto para alcançar um objetivo comum. A cooperação é necessária para que as metas sejam cumpridas. Ela contribui para que o objetivo final seja alcançado. Por melhores que sejamos não conseguimos fazer tudo sozinhos. Dependemos uns dos outros para que nossa tarefa seja bem realizada. Precisamos dos serviços ou da competência dos nossos colegas.

Todos nós somos importantes em nossas tarefas. Cada peça, bem encaixada, forma, harmoniosamente o quebra-cabeça. Se alguma peça faltar, ou se estiver fora do lugar, todo o trabalho ficará comprometido. Haverá falha e muitas vezes haverá a necessidade do improviso. Dessa maneira, é importante a divisão de tarefas, de acordo com a habilidade de cada um, para que ninguém fique sobrecarregado. É imprescindível que cada um faça bem a sua parte, para que toda a equipe não fique prejudicada. Nesse sentido, a organização individual ajuda muito. Facilita o dia-a-dia, poupa tempo, evita o re-serviço, ajuda a cumprir o prazo para entrega do trabalho.

Atitudes simples podem fazer a diferença: manter a mesa arrumada, cada coisa em seu próprio lugar, ter à mão o material de trabalho necessário para o dia: canetas, lápis, cadernos, papéis para anotações, formulários, calculadoras, etc. Devolver o que pegar emprestado, manter cada objeto em seu devido lugar, entre outros.

Quando ainda era criança recebi, do meu pai, Cel. Zohyr Piedade Gavião, as seguintes instruções, que guardo até hoje. Era um folheto com os dizeres:

"Organize-se:

. Se você abriu, feche.
. Se você acendeu, apague.
. Se ligou, desligue.
. Se desarrumou, arrume.
. Se sujou, limpe.
. Se está utilizando algo, trate-o com cuidado.
. Se quebrou, conserte.
. Se não sabe consertar, chame o técnico para fazê-lo.
. Se usar algo que não é seu, peça licença.
. Se pediu emprestado, devolva.
. Se levou, traga de volta.
. Se não sabe como funciona, não mexa.
. Se é de graça, não desperdice.
. Se não lhe diz respeito, não entre no assunto.
. Se não sabe fazer melhor, não critique.
. Se não veio ajudar, não atrapalhe.
. Se prometeu, cumpra.
. Se ofendeu, desculpe-se.

Procure seguir estes preceitos e seu convívio será melhor. Todos querem seus direitos, mas nem se lembram de seus deveres. Para bem convivermos precisamos do esforço de cada um. Sem a colaboração do grupo, no final, todos perdem!

Pausa para um cafezinho...

Momento de gratidão.

Receita 02:

Para aqueles que apreciam sobremesas, segue uma de minhas receitas preferidas.

Trufão de Bis branco

Ingredientes:

. 01 lata de leite condensado
. 01 lata de creme de leite

. 01 pacote de BIS branco
. 01 colher (sopa) de manteiga
. 01 pitada de sal

Modo de fazer:

. Em uma panela colocar o leite condensado, a manteiga e o sal
. Levar ao fogo brando, mexendo sempre, até a mistura se desprender do fundo da panela
. Retirar do fogo
. Acrescentar o creme de leite e misturar bem
. Cortar 10 BIS em três partes cada um
. Juntar ao doce da panela e misturar bem
. Colocar a mistura numa vasilha
. Polvilhar com canela
. Enfeitar com o restante do BIS
. Levar à geladeira por cerca de 2 horas
. Servir gelado

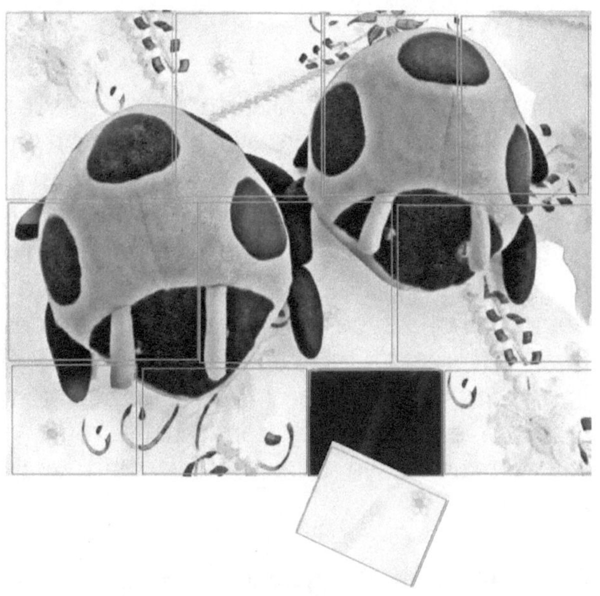

Mesmo se faltar uma pequena peça, o resultado ficará comprometido. O objetivo proposto não será alcançado. Faltará harmonia.

. CORDIALIDADE

A palavra CORDIALIDADE tem sua raiz no coração. Agir com cordialidade é agir com afeição e sinceridade – significa agir com o coração. Tal atitude ajuda a manter o respeito e demonstra boa-vontade para com o outro. É preciso que, no ambiente escolar ou de trabalho, as pessoas promovam atitudes que favoreçam a boa convivência. É importante demonstrarem boa-vontade com palavras e atitudes. A cordialidade torna a rotina mais suave e as tarefas ficam mais amenas.

A cordialidade é cultivada: não aparece da noite para o dia! A equipe é valorizada quando pequenas atitudes são praticadas. Um simples *"bom dia", "por favor", "muito obrigado",* quando expressam amabilidade fazem muita diferença. Um sorriso sincero muda a disposição das pessoas, quebra a barreira da indiferença. O comportamento ríspido, ao contrário, provoca indignação, leva à negligência e afeta o bom desempenho das pessoas. *"O mau-humor é contagioso, mas a alegria também é"* - ensinava o Prof. Norman José de Andrade Giugni em suas palestras.

Não somos máquinas! Somos dotados de sentimentos e manifestamos nossas emoções a todo instante. Temos vontade própria! Ser gentil é escolha de cada um e essa escolha influencia positivamente todos que o cercam. Busque sempre o caminho da excelência! Somos seres humanos! Repito: Não somos máquinas... *"Não entregue o controle de suas emoções aos outros! Você é quem está no comando de si mesmo..."*

Cultivar a cordialidade demanda tempo e esforço. É preciso ter:

. atitude (nosso querer),

. dedicação (nosso cuidado, zelo),
. fé (nossa certeza, acreditarmos de fato) e
. esperança (nosso conhecimento, nossa experiência).

Aquilo que plantarmos, certamente, nós também colheremos. Por esse motivo nós precisamos escolher a boa semente! Só, então, colheremos bons frutos!

"... porque tudo o que o homem semear, isso também ceifará."

escreveu o Apóstolo Paulo em sua carta aos Gálatas 6:7b, com sabedoria e inspiração divina.

Pausa para um cafezinho...

Momento de alegria, companheirismo e solidariedade.

Receita 03:

Para os que gostam de biscoitos, segue a receita da mamãe:

Biscoito de leite condensado

Ingredientes:

. 01 lata de leite condensado
. 02 gemas
. 02 colheres (sopa) de manteiga
. 02 colheres (chá) de fermento em pó
. Maisena – o suficiente

Modo de fazer:

. Misturar bem o leite condensado, as gemas, a manteiga e o fermento
. Juntar a maisena, aos poucos, até o ponto de enrolar os biscoitos
. Colocar os biscoitos em forma untada
. Levar ao forno quente para assar por cerca de 10 ou 15 minutos.

Plante a boa semente, cultive e tenha esperança. No tempo certo virá a hora da colheita.

. COMPROMISSO

Quando assumimos um compromisso, significa que os nossos valores individuais são compartilhados (identificam-se) com os valores da escola ou da empresa que escolhemos. Conhecer o objetivo do nosso trabalho e a importância de cada membro da equipe na concretização do mesmo promoverá o engajamento responsável de todos.

O comprometimento com os resultados de um são inerentes aos do outro. Significa empenhar-se para alcançar o objetivo proposto e, até mesmo, ultrapassá-lo. Somos responsáveis por nosso próprio desempenho.

Comprometer-se com a equipe da escola ou do trabalho é acreditar que os princípios individuais de honestidade (honradez), moralidade (decoro), bondade, justiça, verdade, lealdade, responsabilidade, ética, etc., são os mesmos promovidos pela escola ou pela empresa na qual trabalhamos. Por esse motivo, sabemos que os esforços despendidos individualmente para o bom cumprimento das tarefas que lhe foram confiadas, contribuirão, também, para que seu objetivo pessoal seja alcançado. Significando que será co-autor no cumprimento da missão da escola ou da empresa para com a sociedade.

A prosperidade da escola e da empresa resultará na prosperidade de cada participante e também da comunidade onde está inserida.

Pausa para um cafezinho...

Gratidão, sempre.

Receita 04:

Humm! Biscoito assado, de polvilho!

Biscoito de polvilho - assado

Ingredientes:

. 02 ovos
. 01 lata de creme de leite
. 02 colheres (sopa) de manteiga
. 01 xícara (chá) de queijo ralado
. 01 xícara (chá) de queijo provolone ralado
. sal a gosto
. polvilho doce, o suficiente

Modo de fazer:

. Misturar bem os ovos, o creme de leite, a manteiga, o queijo ralado, o sal e o queijo provolone ralado.
. Acrescentar o polvilho, aos poucos, até o ponto de enrolar os biscoitos.
. Colocar os biscoitos em uma forma untada
. Levar ao forno médio, pré-aquecido, para assar

Mesmo quando estamos lado a lado, o bom desempenho é responsabilidade individual.

. COMUNICAÇÃO EFICIENTE

Comunicar é o ato de transmitir e receber mensagens. A comunicação é eficiente quando a idéia do interlocutor – quem transmite a mensagem - alcança o receptor – que é quem a recebe - sem interferências, ou com o mínimo possível de ruídos. A comunicação pode ocorrer através de palavras, gestos, imagens, sons, etc.

Dentro de uma escola ou empresa é imprescindível que a comunicação ocorra de maneira satisfatória, com o mínimo de ruídos – (lembrar da brincadeira do "telefone sem fio", quando uma mensagem é repassada sussurrando no ouvido do primeiro da fila até ao último).

Existem diversas formas de comunicação nos mais variados lugares. Citarei apenas alguns exemplos, que são mais comuns dentro do ambiente de escola ou trabalho e que podem ser praticados com facilidade:

a) Se não entender, perguntar (pode repetir, por gentileza?) ou (desculpe-me, mas não entendi...) – as pessoas às vezes não perguntam, talvez por timidez, talvez por pressa ou por qualquer outro motivo, e o interlocutor imaginará que foi compreendido.

b) Se entender, sinalizar que entendeu – (perfeitamente, *"positivo"*, *"ok"*, sempre demonstrando que a mensagem foi compreendida) – caso contrário, o interlocutor irá repetir a informação desnecessariamente.

c) Ser objetivo, falar com clareza utilizar palavras simples, evitando duplo sentido ou interpretações duvidosas.

d) Falar pausadamente e esperar pela resposta, para ter certeza de que foi compreendido, antes de mudar de assunto ou ir embora.

e) Saber ouvir, prestando a devida atenção ao assunto e ao interlocutor.

A boa comunicação favorece a interação entre os colegas, facilita a solução de problemas e agiliza a execução das atividades. Sua falha, porém, provoca erros, induz à execução de tarefas desnecessárias e reflete no desempenho da equipe. É possível comunicar-se bem, com boa-vontade e disciplina.

Pausa para um cafezinho...

Momento de paz.

Receita 05:

Que tal? **Torta de frutas**

Ingredientes:

Para a massa:

. 01 xícara (chá) de manteiga
. 03 colheres (sopa) de açúcar
. 01 ovo

. 01 pitada de sal
. 01 xícara (chá) de maisena
. 1 + ½ xícaras (chá) de farinha de trigo

Para o recheio:

. 03 xícaras (chá) de frutas cortadas em fatias (maçã, banana, pêssego, etc.)
. canela em pó a gosto
. suco de meio limão a gosto
. 01 xícara (chá) de açúcar refinado

Modo de fazer:

. Misturar bem todos os ingredientes da massa
. Forrar o fundo e as laterais de uma forma antiaderente
. Cobrir toda a forma com as frutas fatiadas
. Espalhar o suco de meio limão sobre as frutas (fica muito bom com a maçã)
. Cobrir as frutas com o açúcar refinado
. Levar ao forno médio pré-aquecido por cerca de 20 minutos, até assar. Salpicar canela.

O que fazer!?
Para onde ir quando a comunicação falha?

. EMPATIA

Empatia é a capacidade que os seres humanos têm de identificar-se com o outro, em situações e circunstâncias análogas. Empatia é colocar-se no lugar do outro, buscando compreender o sentimento de seu semelhante.

Juntamente com a afetividade, o respeito e a cordialidade, a empatia traz à convivência a possibilidade de superação das diversas limitações individuais. Juntos, nós alcançaremos maiores distâncias. Juntos, nós faremos mais e melhor do que faríamos, se permanecermos sozinhos.

A empatia fortalece a equipe, porque a capacidade de compensação e de revezamento permite a alternância entre os membros, evitando-se a sobrecarga. A distribuição de tarefas é feita de maneira mais justa, considerando-se a habilidade e competência de cada um. A empatia promove o exercício da solidariedade e favorece a união entre os colegas. Barreiras serão vencidas!

Pausa para um cafezinho...

Um cafezinho fraterno é sempre bem-vindo!

Receita 06:

Para quem gosta de cocada...

Cocada da Tatazinha

Ingredientes:

. 01 lata de leite condensado
. 01 colher (sopa) de manteiga
. 100g de côco ralado
. 01 pitada de sal

Modo de fazer:

. Colocar todos os ingredientes em uma panela
. Levar ao fogo baixo, misturando sempre, até a massa soltar do fundo da panela
. Esperar esfriar para fazer os doces

E se fosse
você
ao
atravessar
a rua?

Pratique a empatia!

. PLANEJAMENTO

Planejar é traçar um percurso para se alcançar um objetivo. Se nosso objetivo é fazer um bolo, por exemplo, nosso planejamento incluirá, além da receita, os ingredientes, o custo, os equipamentos que serão utilizados e até o tempo que será gasto. Se não verificarmos de antemão o que será necessário, correremos o risco de ficarmos sem bolo...

"Não há ventos favoráveis para aqueles que não sabem onde querem chegar." (Sêneca) - um dos maiores filósofos do Império Romano, nasceu no ano 4 a.C.

Sabemos que cada um de nós tem seus próprios sonhos e almeja alcançá-los ao longo da caminhada, por isso mesmo, precisamos estabelecer nossos trajetos. Possuímos sonhos em curto prazo: realizar uma viagem ou comprar um carro, por exemplo. Temos também sonhos em longo prazo - tais como a compra de uma casa, a conclusão dos estudos, ou uma boa aposentadoria. Para isso, precisamos traçar o caminho e direcionar nossos passos para o objetivo, dia após dia.

Ao plantarmos a boa semente e cuidarmos, trabalhando com afinco e com empenho, colheremos o bom fruto.

No Brasil, ainda é tímido o ensino para o planejamento do nosso futuro. Simplesmente vamos vivendo e quando surge alguma situação diferente da esperada, pensamos sempre que "daremos um jeito".

Vemos, hoje, grande parte da população sofrendo por falta de provisão e planejamento para a velhice – infelizmente, não se prepararam. Temos bons exemplos dos povos japonês e alemão, que aprendem a planejar em longo prazo e aonde a organização, a disciplina e o respeito às leis fazem parte da vida diária da comunidade.

Sabendo que passamos a maior parte do nosso tempo na escola ou no trabalho, precisamos planejar bem nosso futuro. Não poderá ser em vão o tempo gasto estudando ou trabalhando, em detrimento das horas que permanecemos longe da família e convivendo com pessoas das mais variadas procedências e de costumes diversos. Precisamos fazer "valer à pena", aproveitando bem nosso tempo. Teremos a possibilidade de realizar nossos sonhos? Isso dependerá de cada um de nós. Dessa forma, direcionar os nossos esforços para o sucesso da escola ou da empresa significará, também, o nosso próprio sucesso.

Pausa para um cafezinho...

A hora da alimentação é sagrada. Converse assuntos agradáveis. Eleve o pensamento ao Criador. Agradeça a oportunidade de viver.

Receita 07:

Não pode faltar a receita de um bolo. Mesmo simples, o bolo é um ótimo acompanhamento para um lanche.

Bolo comum

Ingredientes:

. 01 xícara (chá) de farinha de trigo
. 01 + ½ colheres (chá) de fermento em pó
. 01 pitada de sal
. 03 colheres (sopa) de manteiga
. 2/3 xícara (chá) de açúcar
. ½ colher (chá) de essência de baunilha
. 02 ovos
. 01 xícara (chá) de leite

Modo de fazer:

. Bater a manteiga, o açúcar, a essência de baunilha e o sal
. Juntar, aos poucos, misturando sempre, os ovos, a farinha, o fermento e o leite

. Bater bem até que a massa fique lisa
. Untar uma forma e despejar a massa
. Assar em forno quente, pré-aquecido
. Esperar esfriar para desenformar

Trace seu percurso e permaneça nele até alcançar o seu objetivo

03 – CONCLUSÕES

Quando estamos no mesmo barco, precisamos trabalhar coordenados, em mútua cooperação e respeito recíproco. O ato de nos apresentarmos para estudar ou trabalhar, todos os dias, deve ser motivo de alegria e satisfação, caso contrário, carregaremos um peso enorme, tornando-nos escravos. A sobrecarga diária será refletida em doenças, desânimo, infelicidade – refletindo-se, também, no ambiente familiar.

Temos a chave da liberdade, pois a leveza da cordialidade, do respeito, da colaboração e da empatia que deve fazer parte da lida diária – depende de nós mesmos. Não nos esqueçamos: A equipe torna-se mais eficiente quando age em conjunto, sabendo que *"nenhum de nós é tão bom quanto todos nós juntos"*, conforme afirmou Ray Kroc - Fundador do McDonald's.

Se cada um estiver comprometido com o sucesso da escola ou da empresa, estarão mais próximos de tornar seus sonhos em realidade.

Cada um de nós tem o direito de ser feliz. Por isso, seja feliz hoje! Amanhã, não se sabe o que virá. E o passado não deve significar peso extra em nossa caminhada. Hoje é o tempo de ser feliz! Conclamo os leitores para que, com entusiasmo, celebrem a vida! Vamos celebrar o amor, a paz, a harmonia! Vamos viver com alegria! Vamos agradecer a Deus, sempre!

Esta é a oração que faço por você:

"O Senhor te abençoe e te guarde;
o Senhor faça resplandecer o seu rosto sobre ti e tenha misericórdia de ti;
o Senhor sobre ti levante o seu rosto e te dê a paz." Números 6:24-26

Lembre-se: Cada um é responsável por suas próprias escolhas. Não escolher, também é escolha.

Adriana Gavião Giugni

Nasceu em Belo Horizonte – MG, filha do Cel. PMMG Zohyr Piedade Gavião e da Bióloga Mariza Assunção de Jesus Laender Gavião. Diplomada em Turismo e pós-graduada em Gestão Estratégica em Recursos Humanos. Participou do Curso de Planejamento Político e Estratégico da Associação dos Diplomados da Escola Superior de Guerra MG. Proferiu palestras para o Corpo Clínico, Enfermagem, Fisioterapia e Administrativo do BIOCOR Instituto, sobre o tema "A Arte da Boa Convivência". É Titular da Cadeira 9 da Arcádia de Minas Gerais e Titular da Cadeira 59 da Academia de Letras João Guimarães Rosa da PMMG. Obras publicadas: "Flores em meu caminho", "Nuvens no Horizonte", "Condicionantes para o sucesso profissional e social", "Almanaque da Inquisição – e a história dos Cristãos-Novos", dentre outras. Em 2016 recebeu o título de Comendadora Humanitária da Paz através da Carta Patente do World President do WPO/ONU com o Protocolo de Paris.

Adriana e a pequena Maggie

www.ingramcontent.com/pod-product-compliance
Lightning Source LLC
LaVergne TN
LVHW041252150826
845673LV00008B/2563

* 9 7 8 6 5 0 0 5 6 0 0 1 5 *